Cómo hacer un
DISEÑO EXITOSO

IVÁN CAMPOS

Cómo hacer un Diseño Exitoso

Copyright © 2020 Iván Campos

Primera edición abril 2020
ISBN-13: 9798663488099

Diseño de portada: Iván Campos
Fotografía: Pexels / Pixabay

Impreso en Amazon
2020

www.disenoexitoso.com

Todos los derechos reservados.
Ninguna parte de esta publicación
puede ser reproducida, almacenada
o transmitida por ningún medio
sin permiso del editor.

A mi esposa Leslie, quien ha sido mi inspiración. A mis hijos, Alex y Leo que son mi motor. Y a mis padres y hermanos por su apoyo incondicional.

Decidí crear este libro para compartir contigo (diseñador o no) lo que a través del tiempo he ido aprendiendo de grandes personalidades junto a las que he tenido la fortuna de transitar en este viaje.

Este es mi rumbo. Este es mi camino personal y único, que llevo ya un tiempo recorriendo, y que a partir de hoy comparto contigo que —sea por casualidad, destino o como lo llames— vas en la misma dirección.

ÍNDICE

INTRODUCCIÓN 11

DOS VIRTUDES 16

BRANDING JURÁSICO 25

COHERENCIA UNA CUALIDAD ESENCIAL 36

GEOMETRÍA Y PROPORCIÓN 51

DISEÑO EMOCIONAL 70

COLOR, PSICOLOGÍA Y PERCEPCIÓN 83

LIBROS QUE ROMPIERON MIS PARADIGMAS DE DISEÑADOR 97

SECRETOS DE LOS DISEÑADORES EXITOSOS 113

BIBLIOGRAFÍA 128

ACERCA DEL AUTOR 132

INTRODUCCIÓN

"Durante mi desarrollo como profesional, me he topado con que en el mundo actual, el diseño es una labor encasillada en el ámbito de la moda."

>>> INTRODUCCIÓN

Antes de comenzar quisiera hacerte estas preguntas: ¿cómo es para ti un diseño exitoso? ¿Qué elementos necesita tener un logotipo, la interfaz gráfica de una aplicación, un cartel o cualquier cosa que estés diseñando, para que cumpla su función y tenga éxito?... Abro hilo.

Mi nombre es Iván Campos, soy diseñador gráfico, desarrollador web, esposo y padre de dos hermosos hijos. Me encanta el cine, el arte, los libros y la música. Desde muy pequeño aprendí a desarrollar mis habilidades en el dibujo, y desde que tengo memoria hago esculturas con plastilina y casi cualquier material que pueda moldearse o tallarse.

>>> INTRODUCCIÓN

Me decidí a estudiar diseño gráfico porque me pareció (y me sigue pareciendo) la carrera más adecuada para mí, en general creo que el diseño es el balance perfecto entre arte y ciencia, porque requiere de gran pasión y disciplina.

Durante mis estudios universitarios, y gracias al gran trabajo de mis profesores, me fui dando cuenta de que el diseño gráfico es una materia que requiere de una infinita creatividad, pero antes que todo, de un profundo análisis del mensaje que se quiere transmitir. Sin embargo, durante mi desarrollo como profesional, me he topado con que en el mundo actual, el diseño es una labor encasillada en el ámbito de la moda —incluso por los propios diseñadores.

>>> INTRODUCCIÓN

Por eso quiero compartir contigo lo que, a través del tiempo y durante mi quehacer, he ido aprendiendo de grandes personalidades junto a las que he tenido la fortuna de transitar en este camino. Así que en este libro te platicaré acerca del valor de la coherencia en el diseño. El papel que tienen la geometría y la proporción. De la importancia de las emociones y de cómo se utilizan el color, la psicología y la percepción para conectar con el público. Y por último, te contaré algunos secretos de los diseñadores exitosos.

De igual manera, a lo largo de este libro verás algunos de mis trabajos que he querido utilizar, a manera de ilustración y ejemplo, de lo que quiero compartir contigo.

>>> INTRODUCCIÓN

Así que comencemos...

DOS VIRTUDES

"*Creo que lo que me ha ayudado a dar el salto a <<las grandes ligas del diseño>> han sido mis principales virtudes: tenacidad y curiosidad.*"

>>> DOS VIRTUDES

La idea de este libro surgió cuando cursaba el último semestre de la licenciatura en Diseño Gráfico. El temor de verme al final de mi vida de estudiante, de sentirme al borde del abismo de esa incertidumbre que produce el saber que de ahora en adelante deberás enfrentarte a la realidad, fue lo que me llevó a hacerme la pregunta que daría rumbo a mi vida profesional: ¿qué es lo que diferencia a los grandes diseñadores del resto? Mi instinto de supervivencia me llevó a abrir la puerta de la curiosidad, y estaba decidido a responder esa pregunta.

Así que algunos años más tarde hice mi primer blog, al que titulé: Cómo hacer un diseño exitoso —te confieso que mi intención siempre fue escribir este libro, sólo que en ese momento no me sentía listo, y además no sabía cómo publicarlo, ya que las plataformas digitales aún estaban en sus inicios—. Un dato curioso que quiero compartirte es que al principio de mi vida profesional yo no sabía de programación en absoluto, de hecho me daba miedo que en algún momento un cliente me pidiera que le desarrollase algo tan sencillo como una página web. Mi temor al código era tan grande que cuando alguien me pedía diseñar su website, me limitaba a decirle que lo más en que podía ayudarle era en diseñarle una plantilla en algún software de edición de imágenes, y que con eso acudiera con un desarrollador web. Hasta el día en que ocurrió lo inevitable.

>>> DOS VIRTUDES

Transcurría el año 2012 —sí, el fin del mundo—, en ese entonces yo trabajaba como Coordinador de Comunicación e Imagen en un colegio particular de mi ciudad —aunque realmente me coordinaba a mí mismo porque no contaba con personal de apoyo—, y la directora general del colegio me pidió que rediseñara la página web institucional. Así que, como Hércules, no tuve más remedio que tomar al toro por los cuernos. Y de esta manera fue como comencé a buscar tutoriales y clases online para aprender a crear páginas web, lo cual me llevó no sólo a cumplir con la encomienda de mi jefa de entonces, si no que fue mi puerta de entrada al mundo de la tecnología. De hecho, en ese mismo colegio di clases de programación a alumnos de

>>> DOS VIRTUDES

preparatoria, y algo que nadie sabe es que yo iba aprendiendo junto con ellos y las dudas que surgían en una clase eran mi punto de partida para investigar y aprender más para la siguiente —pero ¡hey!, las risas no faltaron ¿eh?—. En realidad no fue tan catastrófico, creo que ellos aprendieron algo que no se enseña comúnmente en las preparatorias de mi país, y yo reafirmé y puse en práctica mis conocimientos. Después, con el tiempo, aprendí a programar en diferentes lenguajes. Conocí a unos muy buenos amigos programadores y aprendí de ellos lo que no pude aprender en internet. Junto a ellos participé en la creación de una red social y hoy en día tengo mi propia empresa de desarrollo de software en asociación con mis amigos programadores. Si quieres aprender algo, júntate con los que saben.

Por eso creo que lo que me ha ayudado a dejar de ser uno más y dar el salto a <<las grandes ligas del diseño>>, han sido precisamente dos de mis principales virtudes: tenacidad y curiosidad.

Quiero platicarte brevemente otra anécdota que me contó hace poco una tía que es educadora jubilada. Ella trabajaba en el CENDI (Centro de Desarrollo Infantil) —algo así como el kindergarten de mi país— al que yo asistía, y le tocó cuidarme cuando yo tenía apenas entre seis y ocho meses de edad. Los CENDI, en mi país, son instituciones educativas públicas, y como te podrás imaginar, existe una gran demanda para inscribir a los hijos de los trabajadores en ellos. Al que yo iba era exclusivo para los trabajadores de la educación (mis padres son maestros), y era uno de los más concurridos en ese tiempo, por lo tanto, la cantidad de alumnos por salón era algo de temer. En el mío había más de treinta niños y entre tres educadoras debían atenderlos a todos. ¿Te imaginas la friega que es atender a más de diez niños hambrientos, con sueño y la mitad de ellos con el pañal sucio, a la vez? pues así era todos los días, todo el día para ellas.

Cuenta mi tía que siempre fui de los más adelantados de mi generación, por ejemplo, fui el primero en gatear y de los primeros en caminar y hablar. Generalmente también era de los primeros en despertar de la siesta, justo en el momento en que estaban terminando de preparar los biberones para cuando todos despertaran, y a diferencia de los demás niños, a mi no me gustaba esperar mi turno, así que enojado me iba gateando hasta donde estuviera la educadora más cercana para <<exigirle>> mi ración, y durante el trayecto pasaba por encima de lo que fuera que se interpusiera en mi camino, incluso de algunos de mis compañeros que aún seguían dormidos... Lo siento compañeros, no era mi intención. 😅

Ese soy yo. Las personas que me conocen saben que no me refiero a pasar por encima de los demás cueste lo que cueste, por supuesto que ese no es un rasgo de mi personalidad en absoluto, si no todo lo contrario, me gusta ayudar y alentar a los demás a que crezcan y mejoren día con día. Pero lo que sí es verdad, es que soy una persona tenaz y no reparo en los obstáculos, por lo menos no hasta que me encuentro con uno, y la mayoría de las veces durante el trayecto me las ingenio para sortearlo. Así que, el primer consejo que voy a darte es: ¡Lánzate al ruedo! ¿Quieres ser el mejor diseñador? Simplemente hazlo, enfrenta tus miedos y toma al toro por los cuernos. Ve y aplica tus conocimientos ahora mismo...

Aquí te diré cómo.

BRANDING JURÁSICO

"Un diseñador exitoso no espera a que le brinden información para desarrollar sus propuestas, sino que va en busca de ella."

La atracción que sienten los niños por los dinosaurios, esa particular simpatía que despierta en ellos cualidades positivas como la curiosidad y la imaginación, también puede llevarles a adquirir maravillosos conocimientos y a comprender conceptos como la evolución de las especies, clasificación, cadenas alimentarias, biodiversidad, geología y fosilización. Para mí en lo particular, la fascinación que provocaban estas criaturas me llevó a encontrarme por primera vez con mi actual profesión... Así es, la pasión de mi niñez me puso en contacto con la que años más tarde se convertiría en la pasión de mi vida.

Este encuentro se dio en el año de 1993 con la película Jurassic Park. La expectativa que creaba su mercadotecnia era genial, sin duda alguna fue una innovación cinematográfica con todos esos efectos especiales, imágenes creadas por ordenador y animatrónicos de tamaño real de los dinosaurios más impresionantes que jamás se hubieran hecho. Verlos por primera vez comportarse no como monstruos, sino como animales reales, fue verdaderamente impactante. Pero a pesar de todo eso ¿sabes qué fue lo que realmente me atrapó de la película? El branding del parque.

La expectativa creada por la marca, dentro de la película, comienza desde el momento en que los personajes principales descienden del helicóptero al llegar a la isla Nublar. En esta escena, al abrir la puerta de uno de los dos vehículos que llegan para recogerlos aparece por primera vez y en primer plano el logotipo del parque, el cual, por cierto, está basado en la imagen icónica creada por Chip Kidd para la tapa del libro homónimo de Michael Crichton. Chip Kidd es un diseñador gráfico estadounidense reconocido por su exitosa trayectoria como diseñador de portadas para libros. Si no lo conoces te recomiendo que lo busques ahora mismo en internet y que veas las excelentes TED talks que ha hecho. Aquí te dejo su página web: http://chipkidd.com. Seguro aprendes algo.

Creo que este es el mejor y más importante consejo que puedo darte: si quieres crear un diseño exitoso; si quieres ser un diseñador exitoso, entonces debes pensar como los diseñadores exitosos. Si conoces a alguno, acércate a él, de lo contrario, puedes buscar en internet a los diseñadores más reconocidos e investigar sobre sus trabajos. Entender cuáles son sus procesos, motivaciones, su visión, etcétera, te dará una nueva perspectiva de las cosas que puedes usar para aplicarlas en tu labor.

En fin, regresando al tema. A partir de esta toma puedes ver todo tipo de afiches y artículos utilitarios con la marca, desde los gafetes y uniformes de los empleados, hasta las camionetas que sirven para dar los recorridos por el parque. Prácticamente a donde quiera que voltee la cámara hay un elemento con la identidad corporativa de Jurassic Park.

Recuerdo en particular una escena, casi al final de la película, en la que el personaje de la doctora Ellie Sattler, después de un intento fallido por rescatar al doctor Grant y los niños, quienes habían quedado varados justo frente al cerco de seguridad del área del T-Rex, regresa al edificio principal para encontrarse con John Hammond en el comedor. En la primera toma de esta escena se aprecia un estante repleto de todos los souvenirs que puedas imaginarte con el logotipo del parque. Esa fue la primera vez que una imagen me provocaba tantas emociones. En aquel momento, de manera inconsciente, a mis nueve años de edad, comprendí el poder de una marca.

El Branding es una de esas <<habilidades especiales>> que no a todos los diseñadores se les da bien. Desarrollar la identidad de una marca es una difícil tarea que requiere demasiado tiempo, esfuerzo y conocimiento, y esto suele causar una cierta resistencia en la mayoría de nosotros, quienes somos buenos para desarrollar imágenes que reflejen la identidad de una marca siempre y cuando se nos proporcione la información adecuada para ello. El problema es que casi nadie sabe cuál es la información necesaria para llevar a cabo esta tarea, y por lo tanto, proporcionan a sus diseñadores poca información, o de mala calidad. Y esto, por supuesto, se refleja en un diseño que no cumple con su objetivo y no conecta con el público.

Un diseñador exitoso no espera a que le brinden información para desarrollar sus propuestas, sino que va en busca de ella. Los grandes diseñadores se convierten también en investigadores, psicólogos, antropólogos, analistas, o en lo que sea necesario para recabar los datos que le permitirán realizar su trabajo. Por ello es necesario aprender algunas técnicas de investigación y análisis de personalidad e información, ya que esto nos dará las herramientas necesarias para discriminar la información valiosa para llevar a cabo nuestro trabajo.

Recuerda que el éxito de un diseño cualquiera radica en la coherencia entre todas sus partes y la esencia de aquello a lo que representa. Como verás un poco más adelante, la coherencia es el vínculo entre la imagen y lo que ésta representa. Mientras más información y de mejor calidad, más elementos tendrás para lograr un potente enlace emocional, lo que a su vez generará un diseño con mayor significado.

Crear ese enlace y despertar emociones en la gente es precisamente el poder que tenemos como diseñadores. En cada diseño que hagas enfócate en lograr esa poderosa conexión emocional. Más adelante te daré algunos tips de cómo hacerlo. Por lo pronto, debes saber que para conseguir que tu diseño se conecte emocionalmente con el público, necesita estar sustentado en la esencia de aquello que representa, y comunicar de manera concisa y eficiente el mensaje que se desea enviar al receptor. Esto podría parecer sencillo, al fin y al cabo, sólo es cuestión de usar colores y formas "agradables", ¿cierto? Pero en realidad va mucho más allá. Un diseño exitoso no sólo debe ser atractivo. No se trata sólo de estética. Diseñar es una ardua tarea que, como todo proceso creativo y constructivo, requiere de investigación —y, sobre todo, tiempo— para lograr la coherencia necesaria entre la imagen u objeto, y lo que ésta representa, ya que la solidez de esta relación será un factor determinante en el éxito o el fracaso de tu trabajo.

Diseño de Identidad Gráfica para la Productora de Cine Independiente Rockwood Pictures. Iván Campos, 2010.

COHERENCIA
UNA CUALIDAD ESENCIAL

> "El sustento de una imagen personal o institucional descansa en su esencia, por lo que aquella deberá reconocerse para después respetarse."
> —Víctor Gordoa.

>>> COHERENCIA, UNA CUALIDAD ESENCIAL

Durante el proceso creativo del diseño se toman en cuenta, principalmente, cuatro componentes: lo conceptual, lo visual, lo relacional y lo práctico. Los elementos conceptuales son aquellos que no son visibles. Es decir, todo aquello que sustenta a la imagen. Cuando estos elementos conceptuales se hacen visibles, adquieren una forma. Y la relación entre esta forma y lo conceptual, es su significado. Por eso entre mayor coherencia —es decir, entre mejor sea la relación entre la forma y el fondo—, mayor significado. Lo que es igual a un mejor diseño.

Si buscamos en un diccionario, encontraremos que la coherencia es la relación lógica entre dos cosas, o entre las

>>> COHERENCIA, UNA CUALIDAD ESENCIAL

partes o elementos de algo, de modo que no se produce contradicción ni oposición entre ellas. En nuestro campo, la coherencia es el resultado de un diseño bien sustentado en la esencia de la persona, institución, objeto o emoción a la que representa. Por ejemplo, al igual que en el caso de un edificio, en el que para construirlo, antes de poner paredes y ventanas primero hay que establecer sólidamente los cimientos, en el terreno de la creación de una imagen —o cualquier diseño—, de nada sirve ponernos a trabajar en la lluvia de ideas o en la propuesta final de un logotipo, cartel o prototipo sin antes haberle dado un sustento al mensaje que queremos enviar.

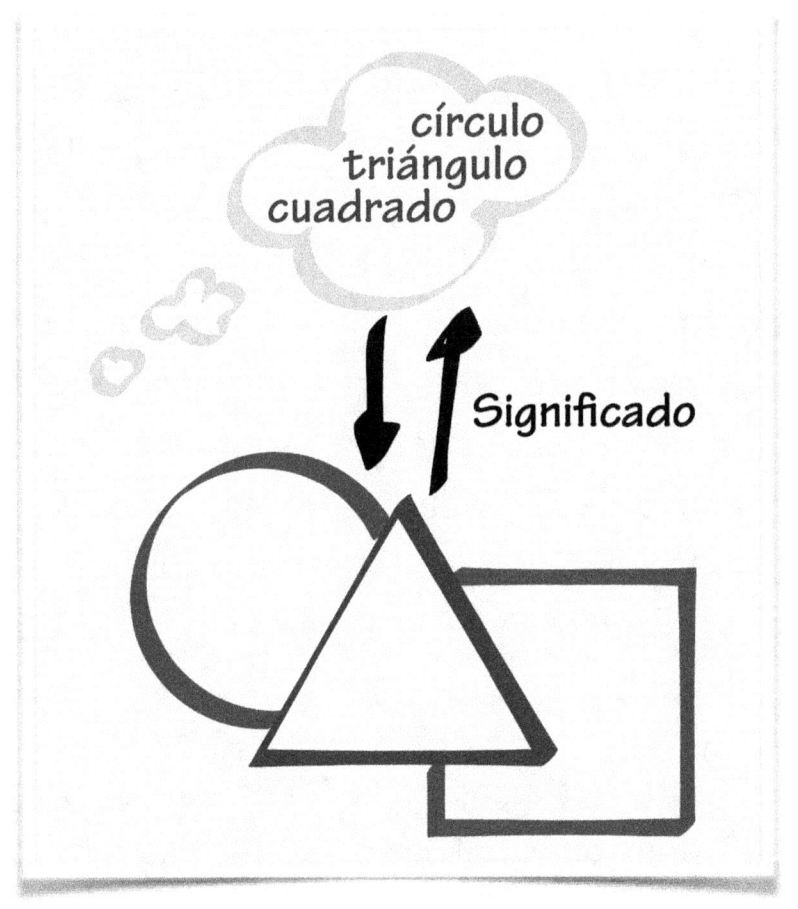

Todo diseño es una construcción de significados. Por ello podemos decir que diseñar sin sustento es como trabajar a ciegas, es crear una imagen que no corresponde visualmente con lo que representa. Y desafortunadamente muchas veces me ha tocado ver esto allá afuera. Por ejemplo, en una ocasión, mientras navegaba por el maravilloso y siempre misterioso mundo del internet, me encontré con un pequeño artículo que escribía quien, supongo, se dedica a una de las ramas más persuasivas, pero también delicadas, de la comunicación y el marketing político: la fotografía.

En este artículo, el autor contaba una anécdota personal para ejemplificar cómo un pequeño error puede desencadenar una oleada de <<cyberbullying>> (mejor conocidos como memes) en contra del personaje para el cual estaba trabajando, y con base en su desagradable experiencia establecía lo que para él eran las bases para una buena fotografía política. Pero lo que me llamó la atención no fue tanto eso, porque al final cada quien aprende a su modo y crece con respecto a esos pequeños o grandes errores. La experiencia es siempre la mejor maestra. Lo que realmente encendió una alerta dentro de mí, fue la frase con la que comienza a escribir y que, desde mi punto de vista, es la causa principal de tanta mala publicidad y pésimos diseños que hay en el mundo de la política (y en todos lados).

La frase decía así: "La fotografía política debe responder a la estrategia de mostrar a un actor político...". Me detengo aquí porque

>>> COHERENCIA, UNA CUALIDAD ESENCIAL

en estas últimas tres palabras radica el error más grande cualquiera que se dedique a vender la imagen de un personaje político puede llegar a cometer. Ni la fotografía, ni el diseño gráfico, ni la publicidad, ni ninguna rama de la comunicación política debe responder a la estrategia de mostrar a un actor político, sino AL ACTOR POLÍTICO en cuestión. Es decir, necesitan comunicar la esencia de aquello que representan, de otro modo, cualquier imagen producida no sería más que una farsa basada en "lo que yo creo que la gente quiere ver del candidato".

Pero, a todo esto, ¿qué hace un diseñador hablando de política? Déjame explicarte. Hace poco leí un libro que recomiendo muchísimo, se llama Los Secretos de una

>>> COHERENCIA, UNA CUALIDAD ESENCIAL

Mente Millonaria. Lo sé, no tiene nada qué ver con el diseño, y menos con la política (espero), pero en él, T. Harv Ecker menciona una frase que viene a colación con lo que te quiero platicar. Él dice que "aquello en lo que te centras se expande". Y es increíble lo cierto de esta afirmación. Tanto de manera positiva como negativa, todo aquello en lo que te enfocas determina lo que te encuentras en la vida.

Pues resulta que durante mi época de estudiante rebelde, odiaba todo lo que tuviera que ver con la política. Juraba que aunque se me presentase una oportunidad, jamás trabajaría en nada que se le relacionara. ¿Adivinas cuál fue mi primer trabajo formal? Así es, desde que egresé de

>>> COHERENCIA, UNA CUALIDAD ESENCIAL

la carrera, sin querer, comencé a trabajar en el ámbito de la imagen política, y a pesar de la resistencia que me generaba el tema me terminó gustando, porque al diseñar una imagen política debes jugar a todo o nada. Para mí fue la forma más extrema de poner en práctica lo que aprendí en la escuela.

Durante una campaña política siempre hay muy poco tiempo para todo, y el más mínimo error puede resultar en catástrofe. De hecho, así fue como comprendí la importancia de sustentar mis diseños. En mi país, la función primordial del logotipo del candidato es facilitar al votante el proceso semántico al momento de la votación. En este caso, el logotipo cumple la función de "puente" mental entre el emblema del partido, el nombre del candidato, y el candidato. Por eso es la parte más importante de la comunicación visual en una campaña política. Si ha sido diseñado correctamente y utilizado de manera coherente por todos los canales visuales, es capaz de crear un vínculo de significación emocional muy fuerte entre un nombre, un partido y una persona. Y eso es lo que al final verdaderamente importa.

Como te comento, aprendí a sustentar mis diseños de una manera un tanto accidentada debido a los tiempos tan cortos que tenía para realizar mi trabajo. Y es que en la escuela nunca te preparan realmente para eso, o tal vez como estudiante nunca llegas realmente a comprender cuán exigente puede llegar a ser tu labor en el mundo real. El hecho es que debía entregar logotipos, con sus respectivos manuales de identidad gráfica, para la mayoría de los candidatos de un partido político a pocos días de comenzar la campaña. Eso significaba diseñar alrededor de diez logotipos por día, —cada uno de ellos debidamente sustentado en la esencia del candidato al que representaba— y hacer dos o tres manuales de identidad diarios. Así que como ves, tuve que aprender a pensar rápido.

Sustentar un diseño no es tarea fácil, requiere de un conocimiento previo de la persona, marca o institución en cuestión. Recuerda que los cimientos de cualquier diseño son la esencia de aquello que representa, de ahí la importancia de reconocerla.

A manera de paréntesis, me parece importante poner aquí un extracto del libro El Poder de la Imagen Pública para explicar con las propias palabras de su autor a qué me refiero con reconocer la esencia de algo:

> "En el caso de una imagen personal, el reconocimiento de la esencia consistirá en investigar en una entrevista personal, cara a cara y confidencialmente, aspectos como personalidad, temperamento y carácter; los principios y valores que guían la actuación personal. El contexto de desarrollo humano en los ámbitos familiar, socioeconómico, académico y

laboral; asimismo, se incluirá una autodescripción holística que abarque cuatro áreas fundamentales: la física, la mental, la sentimental y la espiritual. Para complementar, se podrán aplicar pruebas de psicodiagnóstico que proveerán de información adicional valiosa, así como cuestionarios que permitan la definición del temperamento y el estilo como expresión de la individualidad. […]

Para el caso de una imagen institucional, la esencia vendrá determinada a través de su manual de fundamentos, documento en el cual se definirán: visión, misión, mística, filosofía, lema y normas de conducta y apariencia."

>>> COHERENCIA, UNA CUALIDAD ESENCIAL

Víctor Gordoa es consultor, fundador y rector del Colegio de Consultores en Imagen Pública. La primera vez que me topé con uno de sus libros fue precisamente durante este periodo en que trabajé en el ámbito de la política y necesitaba desesperadamente aprender a dar sustento a mis diseños. Comencé a buscar en internet cómo sustentar un diseño de manera rápida y eficiente, y encontré los conceptos Imagología e Imagen Pública, que de inmediato llamaron mi atención. Como soy un adicto a la lectura, compré sus dos primeros libros. Con el conocimiento adquirido en ellos pude comprender desde una nueva perspectiva y extrapolar conceptos como esencia, coherencia, imagen, percepción, identidad y reputación, mismos que leerás mucho en este libro.

La evolución es la mecánica natural de la creación. Es por esto que creo firmemente que durante los tiempos de crisis una persona exitosa "evoluciona". Como Gokú, que justo en los momentos más críticos de sus batallas saca su poder oculto para mejorarse a sí mismo y pasar al siguiente nivel, igualmente los grandes diseñadores nunca se desaniman, sin importar qué tan difícil sea la situación. Por el contrario, hacen uso de su poder para ver retos y oportunidades nuevas en la adversidad y sacar a relucir su creatividad. Así fue como logré pasar a la fase 1, el Súper Diseñadorjin.

GEOMETRÍA
Y PROPORCIÓN

"A menor número de elementos, mayor facilidad de procesamiento de la información en menor cantidad de tiempo."

>>> GEOMETRÍA Y PROPORCIÓN

Desde tiempos antiguos el hombre ha experimentado con diferentes técnicas para reproducir la armonía de su entorno, y esto mismo lo ha llevado a descubrir las proporciones, patrones y códigos que subyacen en las formas que podemos observar. Si bien los registros más antiguos de mediciones geométricas se han encontrado en los restos de la ciudad de Babilonia, fue en el antiguo Egipto donde se estableció por primera vez como una ciencia. Para los egipcios, la geometría representaba el medio a través del cual la humanidad podía entender los misterios del orden divino. La única herramienta que ellos utilizaban para medir y trazar sus construcciones era una cuerda con trece nudos equidistantes y su unidad de medida podía ajustarse según las necesidades de su diseño. Más tarde los egipcios transmitieron a los griegos sus algoritmos para calcular volúmenes, áreas y longitudes con la finalidad de obtener la dimensión de las parcelas de cultivo. Y fue así que se denominó <<geometría>> (medición de la tierra) a este conjunto de ecuaciones.

A partir de entonces, podemos observar que la geometría ha sido el lenguaje universal de la creación humana. Desde maravillosas edificaciones de la antigüedad, hasta obras de arte moderno, la geometría es la estructura que subyace en todos los mensajes visuales y que, como veremos un poco más adelante, facilita el proceso de significación. Pero no sólo está presente en

>>> GEOMETRÍA Y PROPORCIÓN

la creación humana, de hecho, la geometría es el lenguaje de la naturaleza. Aunque la mayoría de las veces esta afirmación pueda parecer un tanto naïf, debido a que nos es imposible encontrar en la naturaleza formas geométricas perfectas, no es más que una falta de perspectiva. Basta con observar detenidamente para darnos cuenta de que la geometría existe en todas partes, su orden aparece en la estructura de todas las cosas, desde las moléculas hasta las galaxias.

>>> GEOMETRÍA Y PROPORCIÓN

Composición de Logotipo para la Reserva de la Biosfera "El Cielo". Iván Campos, 2011.

>>> GEOMETRÍA Y PROPORCIÓN

ORDO AB CHAO

El orden del caos. Es una de las premisas de la francmasonería, de hecho es la principal divisa (insignia) del grado 33º, que hace referencia a la obtención de algo valioso a partir de una crisis inicial y pretende enseñar al maestro masón a construir desde lo destruido, a erigir a partir del desorden. Para los masones, este orden edificador está implícito en la geometría, por eso es para ellos una ciencia sagrada.

Si bien es cierto que la concepción geométrica de la francmasonería está basada en las enseñanzas del matemático y geómetra griego Euclides, es necesario sobrepasar los límites de su postulado para comprender por qué la geometría es el orden del caos.

Benoit Mandelbrot, padre de la geometría fractal, expresa esta idea en su libro La geometría fractal de la naturaleza de la siguiente manera:

> "¿Por qué a menudo se describe a la geometría como algo <<frío>> y <<seco>>? Una de las razones es su incapacidad de describir la forma de una nube, una montaña, una costa o un árbol. Ni las nubes son esféricas, ni las montañas cónicas, ni las costas circulares, ni la corteza es suave, ni tampoco el rayo es rectilíneo.

>>> GEOMETRÍA Y PROPORCIÓN

> [...] La existencia de estas formas representa un desafío: el estudio de las formas que Euclides descarta por <<informes>>, la investigación de la morfología de lo <<amorfo>>. [...].
>
> [...]En respuesta a este desafío, concebí y desarrollé una nueva geometría de la naturaleza y empecé a usarla en una serie de campos. Permite describir muchas de las formas irregulares y fragmentadas que nos rodean, dando lugar a teorías hechas y derechas, identificando una serie de formas que llamo fractales."

De esta forma podemos decir que la geometría es realmente el lenguaje de la naturaleza, pero no en su forma simple. La

>>> GEOMETRÍA Y PROPORCIÓN

naturaleza es compleja e irregular, por lo tanto, es necesaria una geometría que permita medir este caos. La geometría fractal logra hacerlo debido a que describe objetos que son autosemejantes o simétricos en escala. Es decir, que guardan una proporción exacta consigo mismos en todos sus niveles. Este nuevo orden del caos propuesto por Mandelbrot tiene impacto en las ciencias y en las artes. Aplicándose en áreas que van desde la física de la materia condensada, la biología, la geología y meteorología por ejemplo, hasta el mundo del entretenimiento, donde se han empleado algoritmos de geometría fractal para la generación de imágenes computarizadas de gran complejidad estadística, como los paisajes y generadores de partículas utilizados en películas y videojuegos.

Como ves, lo anterior da prueba de que es posible establecer una conexión entre el pensamiento racional y las emociones. Así como de la necesidad humana por comprender el mundo que nos rodea y plasmarlo como forma de expresión artística. A final de cuentas, cuando vemos una figura geométrica, lo que vemos no es otra cosa que la ordenación de puntos que siguen ciertas proporciones, patrones y códigos, y por ello, desde el punto de vista hermético, la proporción y la armonía se encuentran íntimamente ligadas a la Geometría Sagrada. Si seguimos esta línea de pensamiento podríamos afirmar entonces que geometrizar un diseño lo hace armónico.

LA IMPORTANCIA DE LA RETÍCULA

Tal vez en este punto te preguntes ¿pero cuál es la razón de que un diseño más sencillo, geométrico y con estructura reticular sea más armónico? Pues bien, para comprender esto necesitamos primero definir el concepto de armonía, y si realizamos una búsqueda por la internet, encontraremos que es el equilibrio de las proporciones entre las distintas partes de un todo, y su resultado siempre connota belleza.

>>> GEOMETRÍA Y PROPORCIÓN

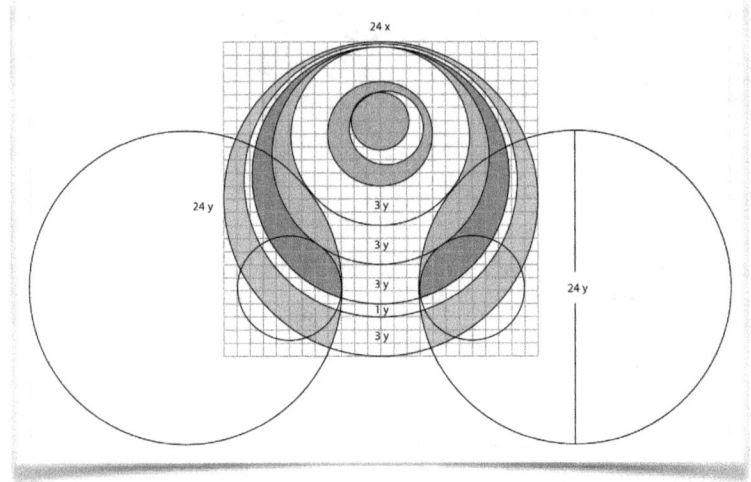

Retícula de Logotipo para la Reserva de la Biosfera "El Cielo". Iván Campos, 2011.

>>> GEOMETRÍA Y PROPORCIÓN

En este sentido, tanto en el arte como en el diseño, se utiliza la retícula como sistema de ordenación de los elementos visuales de una composición. Es decir, la retícula es utilizada por diseñadores y artistas para la solución de problemas visuales; es utilizada por ejemplo, en la maquetación de libros y revistas, como base en el diseño de carteles, anuncios de televisión, e incluso para el diseño de stands. La ordenación visual del espacio mediante el uso de estas rejillas produce la sensación de armonía y facilita la percepción, por eso es tan importante su uso en dentro del diseño. Como lo menciona Luis Martínez en su libro Retículas:

> "[...]el trabajo del diseñador debe basarse en un pensamiento de carácter

matemático, a la vez que debe ser claro, transparente, práctico, funcional y estético.

La retícula es un principio organizador del diseño gráfico.[...] sitúa los elementos en un área espacial dotada de regularidad, lo que los hace accesibles [...] y su subordinación al sistema reticular puede producir la sensación de armonía global, de transparencia, claridad y orden[...]."

Lo cierto es que toda imagen conlleva un proceso físico-psicológico de percepción. Y según el diccionario, la percepción es el proceso constructivo mediante el cual la mente descodifica los estímulos sensoriales recibidos, los transforma en una imagen mental y relaciona a esta imagen mental con una emoción. Este proceso cerebral toma unos cuantos milisegundos, y mientras más sencilla sea una imagen, más rápido será procesada. Por lo tanto, podemos decir que a menor número de elementos, mayor facilidad de procesamiento de la información en menor cantidad de tiempo.

Cuando estudié la maestría en diseño gráfico llevamos una materia llamada Proceso Enseñanza - Aprendizaje, impartida por la Doctora en Educación Blanca Estela García Cantú. En esta materia nos enseñaron las distintas maneras en que el cerebro puede aprender, desde el punto de vista de las diferentes teorías del aprendizaje. Esto me inspiró para crear, un

>>> GEOMETRÍA Y PROPORCIÓN

par de años más tarde, un proyecto llamado Aulas Creativas, en donde planteo los elementos ambientales y materiales con los que deberían contar los salones de clases para propiciar la concentración y la creatividad, y por consiguiente, mejorar el desempeño escolar de los alumnos. Pues bien, lo que quería platicarte es que durante una de sus clases, me surgió una duda relacionada con este tema. En ese momento, mientras cursaba la maestría ya me encontraba trabajando como diseñador, y recuerdo que en el afán de mejorar mis diseños observaba siempre los mejores, los más famosos y memorables, y comencé a notar un común denominador en ellos: la mayoría eran muy simples.

>>> GEOMETRÍA Y PROPORCIÓN

Así que, le pregunté a mi catedrática ¿por qué razón un diseño más simple y geométrico es capaz de llegar más profundo en nuestra mente? ¿Qué sucede en nuestro cerebro cuando observamos una imagen con un alto nivel de armonía? —La razón es muy sencilla— me dijo, —nuestro cerebro descodifica más fácilmente líneas y formas conocidas, y por su simplicidad las asocia más rápidamente a conceptos significativos previamente adquiridos, aún y cuando éstos se encuentren en el inconsciente, esto también provoca que puedan ser recordadas con mayor facilidad—.

Su respuesta, a pesar de que tal vez pueda parecer un tanto obvia, me dejó pensando en la complejidad de todo ese proceso

>>> GEOMETRÍA Y PROPORCIÓN

cerebral de percepción, del cual voy a platicarte un poco más a fondo en un tema posterior. Por ahora quiero que te quedes con esto: al geometrizar un diseño se facilita la toma de decisiones en el inconsciente, principalmente porque en esencia se convierte en una figura geométrica, y la geometría es un lenguaje que simboliza, que comunica significado a través de la forma y la relación matemática, y por su simplicidad facilita la descodificación y recordación del mensaje visual. Así que ya lo sabes, una parte esencial de cualquier diseño exitoso es la armonía, simplicidad y orden que brinda la geometría a través de un sistema reticular bien aplicado.

BE ★
YOURSELF

strwbrrydesign.com

DISEÑO
EMOCIONAL

"Todo diseño es generador de emociones."

>>> DISEÑO EMOCIONAL

No sé si a ti te pase lo mismo, pero a mi me encantan mis diseños. Realmente me enamoran. Diseñar es algo que me apasiona, y creo que cuando te desenvuelves en lo que te gusta, todas esas emociones que te produce se ven reflejadas en tu trabajo final. Es lo mismo que sucede con los grandes pintores, músicos, escultores, actores o deportistas. La grandeza de sus obras, su majestuosidad, es el reflejo de la conexión emocional que tienen con su trabajo.

Como ya te comenté al inicio de este libro soy diseñador gráfico, y mi especialidad es el branding. Me di cuenta de que tal era mi pasión durante mis estudios, en la clase donde nos enseñaron a usar las herramientas digitales de edición de imágenes. En esta materia, para poner en práctica los conocimientos recién adquiridos, el profesor nos encargó crear la imagen corporativa de una marca ficticia. Recuerdo que la mayoría de mis compañeros crearon marcas diversas: de ropa, productos, etcétera. ¿Sabes cuál fue mi marca? Bueno pues yo creé mi propia marca: Ethernal Design —creo que desde entonces me visualizaba siendo independiente, y además aproveché una clase para adelantar en algo que usaría más adelante—, y su diseño obviamente, que aunque no es el mismo que utilizo hoy en día, en su momento significó mucho para mí, me inspiró y me ayudó a construir lo que tengo actualmente. Y este es

>>> DISEÑO EMOCIONAL

precisamente el punto al que quiero llegar. Todo diseño es generador de emociones. Pero, ¿por qué?

Primero te responderé con otra pregunta. Piensa en una marca que te guste, imagina su logotipo, sus colores, su olor o sabor. ¿Cómo te hace sentir al recordarla? Eso no es ninguna coincidencia, te aseguro que los diseñadores pensaron en cómo transmitirte esa emoción. Piensa en Apple, por ejemplo. Al igual que sus productos, su imagen ha evolucionado a través de los años y hoy en día tanto los productos como su identidad gráfica son el ejemplo perfecto de un diseño exitoso. Transmiten perfectamente lo que venden —estatus y belleza— de la manera más simple posible. Se acercan a la perfección estética mediante el manejo de los colores, las formas, las texturas, los materiales y sonidos. Todos sus mensajes comunican a través de las emociones. Y por eso la gente compra sus productos, o por lo menos los desea.

Está comprobado que nuestras decisiones están basadas mayoritariamente en lo que sentimos, en cómo nos hace sentir un determinado producto, o una marca. Paul Ekman, psicólogo pionero en el estudio de las emociones y su expresión facial, y jefe del Laboratorio de Interacción Humana de la Universidad de California en San Francisco, afirma que nuestra mente emocional es más rápida que nuestra mente racional, ya que ésta última requiere de todo un proceso de análisis para tomar una decisión.

Las emociones dictan la manera en que la mente resuelve los problemas, y por consiguiente, la manera en que toma las decisiones. Nuestras emociones están intrínsecamente ligadas a nuestra percepción. Cuando percibimos algo, sentimos algo y en consecuencia actuamos. El psicólogo, periodista y escritor estadounidense Daniel Goleman, escribe sobre esto en su libro "La Inteligencia Emocional" de la siguiente manera:

> "La señal visual va primero de la retina al tálamo, donde es traducida al lenguaje del cerebro. La mayor parte del mensaje va entonces a la corteza visual, donde es

analizada y evaluada en busca de significado y de respuesta apropiada; si esa respuesta es emocional, una señal va a la amígdala para activar los centros emocionales. Pero una porción más pequeña de la señal original va directamente desde el tálamo a la amígdala en una transmisión más rápida, permitiendo una respuesta más rápida (aunque menos precisa). Así la amígdala puede desencadenar una respuesta emocional antes de que los centros corticales hayan comprendido perfectamente lo que está ocurriendo."

Por lo tanto, nosotros como diseñadores podemos crear mensajes visuales que generen una determinada emoción en el público para ayudar en su toma de decisiones. Para lograr esto, no se requiere ser un experto en diseño, pero como te has podido dar cuenta, sí es necesario contar con una gran cantidad de conocimientos de diferentes materias. Pero no te desanimes, nunca es tarde para comenzar a aprender algo nuevo. Si aún no te sientes listo para que tu próximo diseño tenga un impacto emocional en el público, te voy a dar un par de consejos que puedes poner en práctica de manera inmediata:

Primero, lo que necesitas hacer es observar y analizar detenidamente algún diseño exitoso que te guste y que se relacione con el que quieres crear. Observa su forma, sus colores, su composición y estilo; y de ser el caso, siente su textura, olor o sabor. Pon en conciencia ¿qué te transmite? ¿Cumple con su función de manera simple o rebuscada? Recuerda que una pieza clave en todo diseño es la coherencia entre lo que transmite y lo que representa. Examínalo de cerca y pregúntate si es coherente en cada uno de sus aspectos. Haz este ejercicio de reconocimiento cada vez que vayas a comenzar a trabajar, estudiar diseños exitosos te ayudará a entrenar tu músculo de la creatividad al más alto nivel. Ojo, no te estoy diciendo que vayas y plagies todo lo que te guste, el plagio es un delito. Déjame ponerlo con las palabras de Austin Kleon, autor del bestseller "Roba Como un Artista":

"Nadie nace con estilo ni con voz. No sales de la matriz sabiendo quién eres. Al principio de nuestra vida, aprendemos imitando a nuestros héroes. Aprendemos copiando.

Estamos hablando de práctica, no plagio: plagio es darte el crédito por el trabajo de alguien más. Copiar significa ingeniería inversa. Es como un mecánico tomando una parte del auto para saber cómo funciona.

Aprendemos a escribir copiando el abecedario. Los músicos aprenden a tocar practicando las escalas. Los pintores a pintar copiando las obras maestras. [...].

> [...] Como dijo Salvador Dalí: <<Aquellos que no quieren imitar nada, no producen nada.>>
>
> [...] No te robes sólo un estilo, róbate el pensamiento detrás de ese estilo. No quieres verte como tus héroes, quieres observar como ellos."

A esto me refiero. Haz ingeniería inversa con los diseños exitosos. Traza su retícula, analiza su estilo. Si quieres ser grande, aprende a pensar como los grandes.

En segundo lugar, necesitas leer. Vuélvete un adicto de los libros. Se trata de leer todo lo que quieras, lo que te guste. Pueden ser novelas fantásticas o libros de autoayuda. No importa realmente el tema, al final nuestro cerebro va quedándose con lo que realmente le interesa y le sirve. Con el tiempo verás que tus intereses comienzan a tomar un cierto rumbo, y eso es lo que irá construyendo tu propio estilo. Si te contara los temas de todos los libros que he leído en mi vida pensarías que estoy loco —bueno, sí lo estoy un poco—, pero al final, cada uno de ellos ha aportado algo a mi estilo personal, y sin el conocimiento adquirido a través de ellos no habría podido escribir ni la mitad de este libro. Así que copia a tus héroes y lee todo el tiempo. Sólo así irás forjando tu camino hacia el dominio del Kanzen'na migatte no gokui (el ultra instinto perfecto).

> *"Dream* **AS IF YOU WILL LIVE** *Forever* **LOVE AS IF YOU WILL DIE TODAY."**
>
> — *James Dean*

COLOR,
PSICOLOGÍA Y PERCEPCIÓN

"Para nosotros como diseñadores es primordial conocer los efectos que los colores producen en la mente de quién los percibe."

>>> COLOR, PSICOLOGÍA Y PERCEPCIÓN

Cuando vi por primera vez el tema de la psicología del color en la escuela, me llamó mucho la atención porque realmente nunca me había puesto a pensar en la manera en que los colores comunican. Creo que antes de esa clase sólo me preocupaba por que los colores que utilizaba en mis diseños combinaran lo más posible, y aunque siempre procuraba darle algo de coherencia con lo que quería transmitir, la verdad es que nunca lo hice con un propósito bien sustentado, hasta ese día. A partir de entonces me decidí a investigar más a fondo cómo es que un color puede llegar a hacernos sentir algo en un momento determinado. Así que inicié mi búsqueda de conocimiento... en la internet.

>>> COLOR, PSICOLOGÍA Y PERCEPCIÓN

Al hablar de colores, damos por sentado que es algo inherente a los objetos que nos rodean. El color forma parte del núcleo de la cultura humana debido a que desde que nacemos aprendemos a diferenciar las cosas por su color, y les otorgamos entonces un significado. Sabemos por ejemplo, que el cielo y los mares son azules, que las plantas son verdes, que las nubes son blancas y las manzanas son rojas. Después, con la experiencia comprendemos que el cielo y los mares pueden no siempre verse azules; que las plantas son de muchísimos colores; que las nubes pueden verse grises y que existen también manzanas verdes y amarillas. Pero aún así, esto no es del todo cierto.

>>> COLOR, PSICOLOGÍA Y PERCEPCIÓN

Una de las primeras cosas que aprendí fue que los objetos carecen de color, o dicho de otra manera, que técnicamente el color no existe —Espera, ¿qué?—. Déjame explicarte. Como sabemos, la luz blanca o luz visible, está compuesta por ondas electromagnéticas que vibran a diferentes intensidades y cada frecuencia de vibración corresponde a un color. Cuando un rayo de luz visible impacta sobre la superficie de un objeto, como por ejemplo, una manzana, lo que sucede en realidad es que, dependiendo de la manera en que se agrupan los átomos que conforman el material de dicho objeto, dejan pasar a través de ellos algunas frecuencias vibratorias de la luz y otras las reflejan. En el caso de una manzana roja, lo que sucede es que está absorbiendo las ondas de todos los colores excepto las correspondientes al color rojo.

Esto significa que todos los colores que vemos son producto de la luz que es reflejada por las cosas que nos rodean. Por lo tanto, el color no radica en los materiales, ni en las sustancias, y menos en sus átomos, si no que es producto de la percepción, y se genera en nuestro cerebro mediante la interpretación de las diferentes longitudes de onda del espectro electromagnético de la luz que son captadas por nuestra retina. Cada longitud de onda estimula de manera diferente los bastoncillos y conos —las células que se ubican en la parte posterior de nuestro ojo y que perciben la luz—, por lo tanto, cada color provoca una señal eléctrica diferente, lo que a su vez genera distintas conexiones neuronales, y por lo tanto, sensaciones, emociones y pensamientos diversos. Esto es la base de la psicología del color.

>>> COLOR, PSICOLOGÍA Y PERCEPCIÓN

Para nosotros como diseñadores es primordial conocer los efectos que los colores producen en la mente de quién los percibe. Cada color produce muchos efectos diferentes, y a veces contradictorios. ¿Por qué? Porque su significado depende del contexto en el que se encuentre. En palabras de Eva Heller, autora del libro "Psicología del color":

> "[...] Un mismo color actúa en cada ocasión de manera diferente. El mismo rojo puede resultar erótico o brutal, inoportuno o noble. Un mismo verde puede parecer saludable, o venenoso, o tranquilizante. Un amarillo, radiante o hiriente. ¿A qué se deben tan particulares efectos? Ningún color aparece aislado; cada color está

rodeado de otros colores. En un efecto intervienen varios colores —un acorde de colores.

[...] El rojo con el amarillo y el naranja produce un efecto diferente al del rojo combinado con el negro o el violeta; el efecto del verde con el negro no es el mismo que el verde con el azul. El acorde cromático determina el efecto del color principal.

[...] El efecto de cada color está determinado por su contexto, es decir, por la conexión de significados en la cual percibimos el color. El color de una vestimenta se valora de manera diferente que el de una habitación, un alimento o un objeto artístico.

El contexto es el criterio para determinar si un color resulta agradable y correcto o falso y carente de gusto."

A lo anterior le agregaría que, si bien es cierto que la mayor parte del significado de cada color es universal, éste varía también para cada cultura y región de nuestro planeta. Entonces, aprender a emplear correctamente los colores puede ayudarnos a ahorrar mucho tiempo, esfuerzo y dinero. Por eso, como diseñadores necesitamos aprender a comunicar, a contextualizar nuestros diseños, y a seleccionar nuestras paletas de color con base en todas estas variables. Para ello es importante no sólo aprender a aprender, si no también aprender a observar para poder diseñar. Después de todo, cada cosa que creamos es producto de lo que hemos visto, escuchado o sentido de alguna manera y que ahora conforma nuestra estructura mental. La diseñadora Donis A. Dondis lo explica mucho mejor que yo en su libro "La Sintaxis de la Imagen":

> "La experiencia visual humana es fundamental en el aprendizaje para comprender el entorno y reaccionar ante él[...].
>
> [...] Expandir nuestra capacidad de ver significa expandir nuestra capacidad de comprender un mensaje visual y, lo que es

aún más importante, de elaborar un mensaje visual. [...].

[...] La vista es natural; hacer y comprender mensajes visuales es natural también hasta cierto punto, pero la efectividad en ambos niveles [verbal y visual] sólo puede lograrse mediante el estudio."

Algo importante que necesitas comprender es que todo diseñador es comunicador en tanto que crea un mensaje visual o sensorial. Tenga éste, o no, la intención de comunicar, siempre que exista un receptor que perciba lo creado por el diseñador, este último se convierte en comunicador; en emisor de un mensaje que alguien percibió. Y como ya hemos visto, todo lo percibido significa y desde el momento en que significa, comunica.

Por eso pienso que el diseño es una materia que conjuga en su proceso conocimientos de un gran número de disciplinas como la propaganda, la publicidad, la mercadotecnia, la psicología, la semiótica, e incluso la física. Y todas ellas son indispensables en la investigación, desarrollo y producción de un diseño exitoso.

Hasta este punto ya has visto el poder de comunicación que un diseño puede tener, así que de ahora en adelante necesitas tener claro que como diseñador eres un constructor, creador de mensajes visuales. Seas diseñador industrial, gráfico, de modas, o cualquiera —al final de cuentas todos son similares en esencia—, siendo diseñador eres comunicador, tal vez en un grado menor, pero comunicador al fin. Y no sobre valoro nuestra profesión, pero sí es importante tomar conciencia de que nuestros mensajes repercuten positiva o negativamente en quien los percibe, es decir, necesitamos responsabilizarnos de lo que comunicamos.

Creo que la comunicación visual en general necesita tomar en cuenta al ser humano tal como lo hace la Gestalt, y comunicarle lo necesario de la mejor manera, añadiendo algo indispensable: la coherencia entre el fondo y la forma, entre el significado y el significante, entre la semiótica y la estética, entre la comunicación y el diseño gráfico. Es en este arte donde radica el secreto del éxito o el fracaso del diseñador como comunicador.

LIBROS
QUE ROMPIERON MIS PARADIGMAS DE DISEÑADOR

"Iván, que el siguiente paso sea ver tu libro impreso. Con cariño para ti y tu familia."
— Olga Bobadilla.

>>> LIBROS QUE ROMPIERON MIS PARADIGMAS DE DISEÑADOR

Antes de concluir quiero presentarte algunos de los libros que más me ayudaron a dirigir el rumbo de mi carrera profesional. Como te conté en un tema anterior, es mediante el conocimiento adquirido a través de la lectura como se va forjando nuestro estilo. Recuerda también que el aprendizaje depende de la curiosidad, y es sumamente importante mantenernos aprendiendo. Austin Kleon, en su libro "Roba Como un Artista" lo expresa así:

> "La escuela es una cosa. La educación es otra. [...] Estés o no en la escuela, siempre será tu trabajo seguir educándote.
>
> Debes tener curiosidad por el mundo en que vives. Buscar cosas. Perseguir cada referente. Así es como sacas ventaja.

>>> LIBROS QUE ROMPIERON MIS PARADIGMAS DE DISEÑADOR

> [...] Hay una magia especial cuando te rodeas de libros. Piérdete en los libreros. Lee biografías. No se trata del libro con el que empiezas sino del libro al que llegas."

Así que en este espacio compartiré contigo algunas de las obras que más contribuyeron a convertirme en lo que soy ahora. Cada uno de estos libros me marcó de manera particular, y la mayoría de ellos siguen siendo mis fieles compañeros que me ayudan a dar sustento a los procesos creativos del día a día. Algunos ya los viste mencionados anteriormente, pero también incluiré otros que creo que ni siquiera has escuchado nombrar. No te asustes, no estoy tan loco como te parecerá —¿o sí? 👀

>>> LIBROS QUE ROMPIERON MIS PARADIGMAS DE DISEÑADOR

Semiótica, Marketing y Comunicación
Jean-Marie Floch.

Este libro me ayudó mucho a comprender mejor una materia tan compleja como la semiótica, así como la manera en que se desarrollan las grandes campañas publicitarias para producir en el consumidor una respuesta determinada, mediante el uso de mensajes significativos por los diversos canales de comunicación.

El Diseño Emocional
Donald Norman.

Gracias a este libro, mi comprensión del diseño pasó de ser una simple solución a un problema de comunicación visual, a convertirse en una herramienta para provocar una respuesta emocional en las personas, y generar así un vínculo duradero entre la marca y el consumidor. Algo que sin duda modificó de manera positiva mis procesos creativos, y fue un impulso enorme en mi carrera.

Psicología del Color
Eva Heller.

Sin duda uno de mis favoritos y compañero de mil batallas. Desde mi punto de vista debería de ser la biblia de todo diseñador.

Desde que lo leí por primera vez, jamás he comenzado un proyecto sin antes consultar mi paleta de colores en él. Así de importante es para mí.

El Poder de la Imagen Pública
Víctor Gordoa.

Este libro me ayudó a comprender la ciencia detrás de la creación de una imagen. Y gracias a él aprendí la fórmula para lograr una imagen sólida y perdurable, bien sustentada en su esencia. También me hizo reflexionar sobre la importancia de la coherencia en el diseño, y fue precisamente por el conocimiento que este libro me dejó que escribí el capítulo de este tema.

Y bueno, aquí es donde comienza a ponerse extraño todo esto...

El Libro Ilustrado de Signos y Símbolos
Miranda Bruce-Mitford.

Este es un libro que hasta la fecha me ayuda a conocer el significado de las formas, y a tomar decisiones durante la creación de mis diseños. Es literalmente un compendio de miles de signos y símbolos de todas las culturas del mundo, desde los más antiguos hasta los usados en la actualidad. Me gusta este libro porque me da una perspectiva diferente sobre cómo cada cultura representa visualmente, o simboliza, un determinado concepto.

El Poder de la Vida en la Geometría Sagrada y la Arquitectura Biológica
Carlos Arturo Álvarez Ponce de León y Ninón Fregoso Fregoso.

Desde el título asusta, lo sé. Y créeme que si no lo has leído, cuando lo hagas en verdad pensarás que estoy loco. Pero la geometría es una materia que me fascina desde que la conozco —de hecho era una de mis favoritas en la escuela—, y comprender a fondo la Geometría Sagrada me ayudó a entender mejor la importancia de la proporción y la armonía en mis composiciones visuales.

La Magia del Verbo o El Poder de las Letras
Jorge Adoum.

Tal vez el libro más extraño que verás aquí mencionado, aunque debo admitir que no es el más extraño que he leído. Fuera de su esoterismo, este libro me enseñó muchísimo. Gracias a él comprendí algo importante que nos incumbe a los diseñadores: el poder y significado del sonido. Pero, ¿en qué nos puede interesar esto a nosotros? Pues bien, un diseño generalmente —si no es que siempre— está basado en un mensaje verbal, es decir, en palabras y sonidos. Cada sonido tiene su propia vibración, su propio tono y ritmo; y por consiguiente su propio significado y efecto pisco-fisiológico. Por eso este conocimiento me ha resultado de gran utilidad a la hora de elegir las palabras adecuadas en cada uno de mis mensajes visuales.

Antes de pasar al siguiente tema, quiero mencionar de manera especial un libro que fue el precursor de este que estás leyendo.

Sobreviviendo a mi Tormenta
Olga Bobadilla.

>>> LIBROS QUE ROMPIERON MIS PARADIGMAS DE DISEÑADOR

Olga fue mi maestra de la materia de historia del diseño en la universidad. Su libro para mí fue un ejemplo de decisión y tenacidad. Ver a una de mis maestras más queridas escribir su propio libro me inspiró a hacer realidad uno de mis propósitos de vida.

Unos meses antes de leerlo recibí una invitación de parte de la maestra Silvia Villafaña, quien me impartió la clase de teoría del diseño, y que ahora es Coordinadora de la Licenciatura en Diseño Gráfico, para asistir a dar una plática a los alumnos de mi alma mater.

Esta plática de la que te hablo la titulé "Cómo hacer un Diseño Exitoso" —sí, era una versión corregida y aumentada de mi blog personal—. La intención de esta charla era dar a conocer a los alumnos cuáles son los alcances de la profesión y compartir algunos consejos prácticos a quienes aún se están preparando para convertirse en profesionales; mostrar algunos trabajos realizados y contar algunas experiencias, y debido a que coincidió con el horario de su clase, Olga también estuvo presente en esa ocasión. Al final de la plática fue el momento de reencontrarme con mis queridas maestras y compañeros que ahora laboran ahí, y en esa breve charla recuerdo que una de ellas —la maestra Silvia, luego de haber escuchado de las diferentes ramas del diseño en que me he desempeñado— me preguntó: ¿y ahora, qué más sigue?. La verdad es que, a pesar de que siempre he buscado la manera de extrapolar el diseño hacia otros ámbitos en los que me ha tocado laborar, hasta ese momento no me había detenido a pensar en cuál era el siguiente paso. Por lo que mi respuesta fue simplemente algo como: —no lo sé, tal vez me dedique a esto, o a eso otro—. Pero una semana más tarde me enteré de que Olga estaba a punto de publicar su primer libro, y justo en ese momento mi cerebro hizo "click", eso era lo que seguía en mi carrera: convertir mis aprendizajes en este libro. Así que la contacté para comprar una copia del suyo, y aproveché para pedir sus consejos sobre cómo publicar el mío. Y cuando recibí mi ejemplar venía con una dedicatoria:

>>> LIBROS QUE ROMPIERON MIS PARADIGMAS DE DISEÑADOR

"Iván, que el siguiente paso sea ver tu libro impreso. Con cariño para ti y tu familia."

—Olga Bobadilla.

Esa era la chispa que hacía falta para encender mi motor. En ese momento tomé la decisión, puse manos a la obra, y ahora tú estas leyendo el resultado. En retrospectiva, resulta sorprendente ver cómo se entretejen los sucesos que nos llevan a dar el siguiente paso en nuestra vida. Así que aprovecha esto, detente un segundo y observa tu vida, seguramente algo increíble se está entretejiendo justo ahora para ti, trata de descifrarlo y pon manos a la obra. O simplemente aprovecha para hacer eso que siempre has querido y que por alguna razón se ha quedado rezagado en tu lista de deseos.

Por cierto, no tengas miedo de comenzar desde cero, todos los diseñadores exitoso lo han hecho. Para mí, comenzar desde cero, lejos de ser un obstáculo o una dificultad, significa una oportunidad para ir por todo. Varias veces en mi vida me ha tocado comenzar desde cero, y aunque al principio siempre da un poco de miedo, una vez que lo haces te das cuenta que cuando estás en esa posición, la única dirección hacia donde puedes ir es hacia adelante y hacia arriba. Cuando comienzas desde cero no tienes nada qué perder y absolutamente todo por ganar. Pierde el miedo. ¡Comienza desde cero ahora! ¿Cuál es la chispa que te hace falta para encender tu motor?

SECRETOS
DE LOS DISEÑADORES EXITOSOS

> *"La belleza de un diseño es en realidad el resultado del buen empleo de los conocimientos del diseñador."*

En este punto creo que ya has aprendido algunas cosas importantes que debes considerar al diseñar para que tu trabajo final tenga éxito, sin embargo, seguramente te sigas preguntando ¿cómo es un diseño exitoso? Pues no desesperes, ha llegado el momento de definirlo concretamente. Así que comencemos por definir el punto medular de todo esto.

Todos sabemos que la creatividad es la habilidad fundamental con la que cualquier diseñador debe contar para poder realizar su trabajo, ¿cierto? Pues, la verdad es que la creatividad no es una característica única de los diseñadores o artistas. En realidad ni siquiera es una capacidad especial de los seres humanos. Hay animales como los delfines o los cuervos que la emplean para resolver problemas complejos. La creatividad es la capacidad de generar nuevas ideas o conceptos, o nuevas asociaciones entre ideas y conceptos conocidos, que a su vez producen soluciones originales a los problemas que se nos presentan. Por lo tanto, está más relacionada con la inteligencia que con el arte o el diseño. Ahora bien, el diseño es un proceso mental <<prefigurativo>> que requiere de la idealización en búsqueda de una solución factible, eficaz y eficiente a un problema dado, y esta es precisamente la razón por la cual a todos los diseñadores se nos cataloga como creativos; debido a que nuestra labor consiste en la resolución innovadora de problemas. Por lo tanto, el diseño es un proceso racional de construcción, y por ello requiere de una metodología.

La metodología del diseño son los procedimientos utilizados para satisfacer necesidades visuales, semánticas, biológicas, psicológicas, ergonómicas, materiales, ambientales, tecnológicas, industriales, espaciales; es decir, humanas. Y para ello —como hemos visto a lo largo de este libro—, requiere del apoyo de diversas disciplinas. Aunque existen diversas técnicas dentro de la metodología del diseño, todas ellas —o por lo menos la gran mayoría— se componen de cuatro etapas primordiales: Observación, evaluación, planeación y ejecución. Y aunque seguir estos procedimientos es el punto de partida para lograr el éxito, la realidad es que no nos lo asegura. Así que, además del método científico y los principios de diseño que ya todos conocemos, es necesario tomar en cuenta los puntos de los que ya te platiqué anteriormente, pero también algunos otros secretos de los grandes diseñadores que te enlistaré a continuación y que desde mi punto de vista, forman parte de las características de un diseño exitoso.

>>> SECRETOS DE LOS DISEÑADORES EXITOSOS

DISEÑO BONITO NO ES IGUAL A BUEN DISEÑO

Lo sé, al inicio este principio es difícil de comprender debido a que el fin de nuestra labor es producir mensajes visuales estéticos y armoniosos, pero recuerda que el diseño es en primera instancia un proceso que busca dar solución a un problema humano. Así que enfócate primero en ello, la estética viene después. La belleza de un diseño es en realidad el resultado del buen empleo de los conocimientos del diseñador.

Los grandes diseñadores han adquirido una habilidad extraordinaria para crear figuras, objetos o mensajes que además de comunicar de manera eficiente, también son visualmente hermosos. Pero esta destreza se logra, en primera instancia, a través del estudio y la aplicación de la metodología, así como de diversas técnicas de origen científico, filosófico y matemático, como la retícula y la semiótica. Entonces, el primer paso para crear un diseño exitoso es poner en práctica tus conocimientos teóricos.

LA COHERENCIA ES LO MÁS IMPORTANTE

Como te lo expliqué anteriormente, la coherencia se refiere a la relación entre el fondo y la forma, es decir, la relación entre un diseño y lo que éste representa. Todos los grandes diseñadores saben que a mayor coherencia, mayor poder de significación, lo que a su vez deriva en un mejor diseño.

CONVIÉRTETE EN **PSICÓLOGO**

Un diseño exitoso depende casi totalmente de la psicología para lograr su impacto. Así que para pertenecer a las grandes ligas del diseño, necesitas aprender a <<leer>> las mentes de las personas. Conocer a fondo la psicología del color y comprender cómo reacciona el cerebro de tu público objetivo ante determinados tonos, formas, sonidos o texturas te ayudará a mejorar en gran medida tus diseños. Por supuesto que esto requiere mucho tiempo y esfuerzo, pero si no estás dispuesto a invertirlos, no llegarás muy lejos. Los grandes diseñadores utilizan estos conocimientos todo el tiempo para poder afinar sus estrategias de persuasión dependiendo del comportamiento de las personas.

DISEÑA CON **INTENCIÓN**

Lo diré de la manera más simple: SIN INTENCIÓN NO HAY DISEÑO.

La intención es la idea que precede a la acción. Es el propósito de crear; de hacer. Esto significa que la intención requiere de la imaginación, y la imaginación es la facultad creadora de la mente. Es el proceso racional y creativo que conlleva un significado y que posteriormente conduce a un resultado. Diseñar con intención significa imaginar; pensar hacia adelante. Preguntarte ¿por qué? y ¿para qué? ¿Cuál es el propósito y cuál será la función de tu diseño? ¿A dónde quieres llegar? ¿Qué quieres transmitir? Asegúrate de responder a estas preguntas antes de poner manos a la obra y verás que tu proceso creativo será mucho más fluido y menos laborioso. Imagina que conduces un barco. Llegar a tu destino siempre será más fácil si cuentas con una ruta trazada y un faro en el puerto de tu destino. A eso me refiero con diseñar con intención.

MENOS ES **MÁS**

¿Recuerdas cuando te platiqué acerca del proceso de percepción y de la importancia de utilizar la geometría en tus diseños? Pues justo de eso se trata este secreto. De llegar a la máxima simplificación. No por nada Leonardo Da Vinci —uno de los seres humanos más creativos que jamás haya existido— escribió: <<La simplicidad es la máxima sofisticación>>. Frase que posteriormente adoptó Steve Jobs, otro de los grandes creativos de la historia moderna, y que convirtió en la filosofía que condujo al éxito de Apple con la frase icónica:

> "Lo simple puede ser más difícil que lo complejo. Tienes que trabajar duro manteniendo tu mente clara para hacer las cosas simples. Pero vale la pena al final porque una vez que llegas ahí, puedes mover montañas."
>
> —Steve Jobs.

DISEÑO FELIZ, **DISEÑO EXITOSO**

La felicidad es el estado emocional de bienestar y realización. La palabra felicidad proviene del latín felicitas que en origen significa fértil. Es a través de la felicidad que conectamos mejor con el mundo que nos rodea. Por lo tanto, un diseño feliz es aquél que mediante el manejo de la semántica, la semiótica y la retórica de la imagen alcanza su propia realización, sembrando semillas emocionales en la mente del público para cosechar los frutos de la trascendencia a través de la significación. Por eso un diseño feliz —un diseño emocional— es un todo aquél que logra crear una fuerte conexión que es muy difícil olvidar. Es decir, un diseño feliz es un diseño exitoso.

>>> SECRETOS DE LOS DISEÑADORES EXITOSOS

Los anteriores son a mi parecer los principios más importantes para alcanzar nuestro propósito como diseñadores. Y ahora ya sabes que un diseño exitoso debe utilizar la metodología para llegar a la estética; debe priorizar la coherencia y apoyarse en la psicología para lograr un mayor impacto; cumplir un propósito y tener una función; comunicar su mensaje de la manera más simple posible, y apelar siempre a las emociones del público para alcanzar la trascendencia, siéntete libre de utilizar estos secretos en tu quehacer. Exploralos y practícalos.

Diseñar es un proceso técnico, pero también creativo; científico, pero también artístico; y en última instancia racional, pero también filosófico, en tanto que a través de la epistemología pretende utilizar la estética, la ética, la semántica y la pragmática para comunicar a la mente la esencia de aquello que representa al hacer visible lo invisible. Por lo tanto, es menester dentro de nuestra formación como creativos, adquirir y por sobre todo, aplicar de manera correcta y eficaz estos conocimientos. Sólo así, estaremos demostrando el verdadero valor de nuestra profesión y enfatizando nuestra naturaleza de "poetas de lo visual".

BIBLIOGRAFÍA

1. de Spinadel, Vera W.: <<**Geometría Fractal y Geometría Euclidiana**>> en: Revista Educación y Pedagogía, Vol. XV No. 35, enero - abril, 2003.

2. Mandelbrot, Benoit: <<**La Geometría Fractal de la Naturaleza**>>, Tusquets Editores, octubre, 1997.

>>> BIBLIOGRAFÍA

3. Dondis, Donis A.: <<**La Sintaxis de la Imagen: Introducción al alfabeto visual**>>, Editorial Gustavo Gili, S. A, 1990.

4. Norman, Donald A.: <<**Emotional Design: Why We Love (or Hate) Everyday Things**>>, Basic Books, 2004.

5. Ávarez Ponce de León, Carlos Arturo y Fregoso Fregoso, Ninón: <<**El Poder de la Vida en la Geometría Sagrada y la Arquitectura Biológica**>>, Psicogeometría, 2009.

6. Kleon, Austin: <<**Roba Como un Artista**>>, Distribuidora y Editora Aguilar, Altea, Taurus, Alfaguara, S. A., 2013.

>>> BIBLIOGRAFÍA

7. García Cantú, Blanca Estela: <<**Teorías del Aprendizaje**>>, Antología, Centro de Investigación y Desarrollo Educativo.

8. Martínez, Luis: <<**Retículas**>>, Who Tutorials.

9. Goleman, Daniel: <<**La Inteligencia Emocional**>>, Ediciones B, Argentina S. A., junio, 2010.

10. Heller, Eva: <<**Psicología del Color**>>, Editorial Gustavo Gili, SL, Barcelona, 2004.

11. Gordoa, Víctor: <<**El Poder de la Imagen Pública**>>, Random House Mondadori, octubre, 2007.

>>> BIBLIOGRAFÍA

12. Gordoa, Víctor: «**Imagología**», Random House Mondadori, octubre, 2007.

ACERCA DEL AUTOR

Iván Campos nació el 6 de enero de 1984 en Ciudad Victoria, Tamaulipas. Terminó sus estudios de Licenciatura en Diseño Gráfico en la Universidad La Salle Victoria. Desde la segunda mitad del 2006, año en que egresó de la universidad, comenzó su trayectoria profesional diseñando la identidad gráfica y publicidad en campañas políticas a nivel nacional. Durante este trayecto ha estado a cargo del diseño de campañas exitosas para diferentes organizaciones políticas.

>>> ACERCA DEL AUTOR

A sus diecisiete años participó en los XXIII Juegos Nacionales Culturales de los Trabajadores "Ricardo Flores Magón", donde ganó el segundo lugar estatal en el concurso de dibujo. Durante sus estudios universitarios participó en diversos concursos de diseño regionales y nacionales en los que se destacó siempre en los primeros lugares.

En el año 2011 ganó el concurso estatal de diseño de identidad gráfica para la Reserva de la Biosfera "El Cielo" convocado por la Secretaría de Desarrollo Urbano y Medio Ambiente, en coordinación con Pronatura Noreste A. C.

Se ha desempeñado en cargos de coordinación y dirección de imagen, y hoy

>>> ACERCA DEL AUTOR

en día imparte cursos y conferencias sobre Diseño Exitoso. Es Director de Diseño de Experiencia e Interfaz del Usuario en HTA (High Technologies Analitics) y Director General de Ethernal Design.

Tiene su blog personal en:
www.disenoexitoso.com

Cómo hacer un Diseño Exitoso de Iván Campos
Se terminó de imprimir en julio de 2020
en Amazon.

www.disenoexitoso.com

Todos los derechos reservados.
Ninguna parte de esta publicación
puede ser reproducida, almacenada
o transmitida por ningún medio
sin permiso del editor.

www.ingramcontent.com/pod-product-compliance
Lightning Source LLC
Chambersburg PA
CBHW050005230526
45465CB00003BB/1265